Sobre los peces

Para Aquel que creó a los peces.
—*Génesis* 1:1

Ω

Published by
PEACHTREE PUBLISHING COMPANY INC.
1700 Chattahoochee Avenue
Atlanta, Georgia 30318-2112
www.peachtree-online.com

Text © 2002, 2017 by Cathryn P. Sill
Illustrations © 2002, 2017 by John C. Sill
Spanish translation © 2017 by Peachtree Publishing Company Inc.

First bilingual edition published in hardcover and trade paperback in 2017
First Spanish edition published in trade paperback in 2020

Also available in English-language and bilingual editions
English HC ISBN 978-1-56145-987-2
English PB ISBN 978-1-56145-988-9
Bilingual PB ISBN 978-1-56145-989-6

The publisher thanks Ross Robertson for his guidance with the Spanish fish names.

Edited by Vicky Holifield
Spanish translation: Cristina de la Torre
Spanish-language copy editor: Cecilia Molinari
Spanish-language proofreader: Hercilia Mendizabal

Illustrations painted in watercolor on archival quality 100% rag watercolor paper

Printed in February 2020 by Toppan Leefung Printing Limited in China
10 9 8 7 6 5 4 3 2 1
ISBN 978-1-68263-154-6

Cataloging-in-Publication Data is available from the Library of Congress

Sobre los peces

Una guía para niños

Cathryn Sill

Ilustraciones de John Sill

Traducción de Cristina de la Torre

PEACHTREE
ATLANTA

Los peces viven en el agua en todas partes del mundo.

Se pueden encontrar en aguas casi heladas...

o en cálidas aguas tropicales.

Los peces pueden respirar bajo el agua porque tienen branquias.

Las aletas los ayudan a nadar.

La mayoría de los peces come carne.

Los peces tienen distintas formas y tamaños.

b.

d.

Tienen diversos modos de protegerse.

La mayoría tiene la piel dura y cubierta
de escamas.

La piel de un pez es resbalosa.

Los peces pueden tener los mismos colores que
su entorno...

u otras marcas que confunden a sus enemigos.

LÁMINA 12
mariposa ocelada

Muchos peces viven juntos en grupos llamados bancos.

Algunos tipos de peces se defienden
con espinas venenosas.

Algunos pececitos nacen vivos. Otros salen de huevos que han puesto las madres.

LÁMINA 15
caballito de mar estriado
espinocho de tres espinas

Los peces siguen creciendo toda su vida.

Los peces sirven de alimento, oficio y recreación para mucha gente.

Es importante proteger a los peces y los lugares donde viven.

Epílogo

LÁMINA 1

Los científicos calculan que hay más de 30 mil especies distintas de peces que habitan casi todas las aguas saladas y dulces del mundo. La mayoría de los peces vive en un hábitat específico, y muy pocos son capaces de moverse entre los ríos y el mar. Las truchas marrones son oriundas de los ríos y arroyos de Europa, el norte de África y el oeste de Asia. Fueron introducidas en América del Norte en 1883.

LÁMINA 2

Cuando las aguas se congelan, los peces logran sobrevivir manteniéndose debajo del hielo. Allí se vuelven menos activos y no necesitan tanto alimento. Las aguas más frías del planeta contienen menos especies de peces que las tropicales o templadas. La trucha ártica vive en las aguas frías del Ártico, tanto en las dulces como en las saladas. Las que viven en el mar migran a ríos y lagos de agua dulce para poner sus huevos. Es la especie que más al norte habita de todas las de agua dulce.

LÁMINA 3

Los peces que viven en aguas tropicales generalmente tienen colores más brillantes que los de aguas más frías. Los colores vivos y las marcas fuertes les permiten mezclarse entre las luces y las sombras de su entorno. Así, los intensos azules y amarillos del pez ángel reina son difíciles de distinguir por los predadores contra los coloridos arrecifes de coral. Habitan las zonas templadas del Océano Atlántico occidental.

LÁMINA 4

Al igual que todos los animales, los peces necesitan respirar oxígeno. Respiran por sus branquias en lugar de por pulmones. Los peces tragan agua por la boca y, cuando pasa por las branquias, estas separan el oxígeno. Entonces, el agua sale por agujeros a los lados de la cabeza. Muchos peces tienen una solapa huesuda que cubre y protege las branquias. El nombre de las mojarras oreja azul proviene de la marca azul en la solapa que recubre la branquia. Son comunes en lagos, lagunas y arroyos de América del Norte.

LÁMINA 5

Las aletas ayudan a los peces a moverse a través del agua. Les sirven para guiarse, balancearse y detenerse. Los *rainbow darters* (*Etheostoma caeruleum*) son peces pequeños que utilizan las aletas para moverse rápidamente. Los *rainbow darters* habitan las aguas límpidas de arroyos y pequeños ríos de América del Norte. La contaminación los afecta mucho. El fango y los sedimentos en las aguas a veces sepultan sus huevos y cubren sus alimentos.

LÁMINA 6

Muchos peces se alimentan de otros peces. También comen gusanos, insectos, moluscos y otros animales acuáticos. Algunos comen plantas acuáticas. La lobina negra se alimenta de otros peces, cangrejos de río, insectos, ranas y hasta de patitos y mamíferos pequeños. Su pesca es muy popular en las aguas dulces de América del Norte.

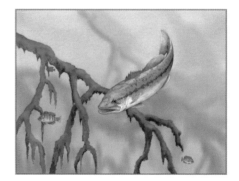

LÁMINA 7

La forma de los peces la determinan el lugar donde viven y lo que comen. Los peces planos, tal como la raya de arrecife, tienen la boca en la parte de abajo del cuerpo de modo que puedan alcanzar los alimentos que se encuentran en el fondo del mar. Los peces que viven en arrecifes, como el cirujano azul cielo, tienen el cuerpo estrecho para poder girar con facilidad entre los arrecifes. El esturión blanco, el pez más grande de todos los de aguas dulces en América del Norte, puede alcanzar los 20 pies (6 metros) de largo. Los tetras neón miden alrededor de 1½ pulgadas (4 centímetros) de largo.

LÁMINA 8

Todos los peces, menos los más grandes, necesitan modos de protegerse ya que están en peligro de que se los coman los predadores. Los peces erizo pecoso tragan agua y se inflan como globos. Las espinas pinchan la boca de sus enemigos y el cuerpo inflado los hace difíciles de tragar. Habitan en los océanos Pacífico y Atlántico.

LÁMINA 9

Las escamas ayudan a proteger la piel de los peces de las heridas. Las escamas de algunas especies son lisas y planas. Otras tienes escamas duras como pequeños dientes. Hay algunos peces que no tienen escamas. Las escamas del catán aguja, densas y en forma de diamante, lo protegen de casi todos los predadores. El catán vive en lagos, arroyos lentos y estuarios del este de Estados Unidos.

LÁMINA 10

Los peces tienen unas glándulas especiales en la piel que producen una sustancia pegajosa que los ayuda a moverse con facilidad por el agua y los protege de parásitos e infecciones. El salmón migra del océano a los ríos para reproducirse o poner sus huevos. El salmón *chinook* es el de mayor tamaño de todos, llegando a alcanzar las 100 libras (45,3 kilos).

LÁMINA 11

Los peces planos —como el halibut, la platija y el lenguado— nadan de costado por el fondo del mar. No nacen planos. A medida que crecen, sus cuerpos cambian de forma y sus ojos pasan a estar a un lado de sus cabezas. Tienen camuflaje adecuado a su hábitat. Los alabatos del Pacífico son peces de gran valor comercial que pueden alcanzar los 9 pies (2,7 metros) de largo y pesar hasta 800 libras (363 kilos). Viven en las aguas del norte del Océano Pacífico.

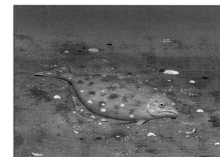

LÁMINA 12

Algunos peces tienen marcas en el cuerpo que confunden a los predadores y a sus presas. La marca de ojo de color negro en la parte trasera del pez mariposa ocelada, así como la raya negra que le cruza el ojo, dificulta distinguir si va o viene. El pez mariposa ocelada vive en las zonas occidentales del Océano Atlántico desde Estados Unidos hasta el norte de América del Sur.

LÁMINA 13

Los peces viajan en bancos para aprovechar la seguridad que ofrece una multitud. A un predador le resulta difícil escoger un solo pez cuando todos nadan en grupo en la misma dirección. Los bancos también facilitan encontrar alimentos y parejas. Los jorobados de penacho son difíciles de distinguir de frente porque sus cuerpos son estrechos y planos. Viven en las zonas occidentales del Océano Atlántico a lo largo de las costas de América del Norte y del Sur.

LÁMINA 14

Los animales venenosos les inyectan toxinas (sustancias venenosas) a otros animales. Cuando se sienten amenazados, los peces piedra usan las espinas que tienen en la espalda como agujas para pinchar a sus enemigos. Estos peces son considerados los más venenosos del planeta. Viven en las aguas tropicales de los Océanos Índico y Pacífico.

LÁMINA 15

Algunos peces llevan los huevos dentro del cuerpo hasta que las crías están listas para nacer. La hembra de los caballitos de mar pone sus huevos en un saco especial que tienen los machos en el vientre. El macho los mantiene allí hasta que las crías nacen. El espinocho macho hace un nido con vegetación donde la hembra pone sus huevos. El macho los cuida hasta que nacen y se queda con las crías hasta que son capaces de cuidarse por sí solas. No todos los peces cuidan sus huevos y a sus crías. Los caballitos de mar estriado viven en zonas occidentales del Océano Atlántico. Los espinochos de tres espinas viven en América del Norte, Europa y partes de Asia en aguas tanto dulces como saladas.

LÁMINA 16

Las escamas de casi todos los peces siguen creciendo mientras el animal madura. A veces se puede determinar la edad de un pez según el número de anillos de crecimiento en sus escamas. Los tiburones ballena, los peces más grandes del mundo, pueden llegar a medir más de 40 pies (12 metros) de largo. Se alimentan de camarones diminutos y peces que filtran del agua de mar. Los tiburones ballena son inofensivos a los humanos. Viven en los océanos de todo el mundo.

LÁMINA 17

Los peces son una fuente de alimento sumamente importante para otros animales, así como también para los seres humanos. La pesca, si se hace de manera responsable, tiene poco impacto en el medio ambiente. Se necesitan leyes para evitar que la gente pesque demasiados peces. Algunos métodos de pesca matan a otros peces y animales sin querer. Es necesario prevenir estos accidentes (denominados "captura accidental"). Algunas especies de peces se han reducido a números peligrosamente bajos debido a la pesca excesiva.

LÁMINA 18

Hay muchas causas diferentes de contaminación que hacen daño a los peces en océanos, ríos y lagos. Los peligrosos productos químicos derivados de la industria y la agricultura, el sedimento resultado de la erosión y las basuras botadas por los seres humanos en el agua presentan problemas para los peces alrededor del mundo. Debemos mantener las aguas limpias para protegerlos. El atún de aleta amarilla es un pez muy valorado como alimento, así como también por lo deportiva de su pesca. A los científicos les preocupa cómo han caído sus números debido a la sobrepesca. Los atunes de aleta amarilla se encuentran en las aguas tropicales de todo el mundo.

GLOSARIO

camuflaje: colores o marcas de un animal que lo ayudan a esconderse
especie: grupo de animales o plantas que se parecen en muchos aspectos
hábitat: lugar donde viven y crecen los animales y las plantas
parásito: animal o planta que vive encima o dentro de otro animal o planta
pesca recreativa: peces atrapados por razones de recreación o deporte
predador: animal que se alimenta cazando y comiendo otros animales
presa: animal cazado y devorado por un predador
templado: ni muy frío ni muy caliente
tropical: la zona cerca del ecuador donde hace calor todo el año

BIBLIOGRAFÍA

LIBROS

Eyewitness Books: Fish de Steve Parker (DK Publishing)
A *Place For Fish* by Melissa Stewart (Peachtree Publishers)
Animal Classifications: Fish by Angela Royston (Heinemann Raintree)
Fish Facts by Geoff Swinney (Pelican Publishing Company)

SITIOS WEB

www.nefsc.noaa.gov/faq
www.ducksters.com/animals/fish.php
www.wildscreen.org

EDICIONES BILINGÜES

PB: 978-1-68263-033-4

Also available in English
HC: 978-1-68263-031-0
PB: 978-1-68263-032-7

PB: 978-1-53145-783-0

Also available in English
HC: 978-1-56145-688-8
PB: 978-1-56145-699-4

PB: 978-1-56145-989-6

Also available in English
HC: 978-1-56145-987-2
PB: 978-1-56145-988-9

PB: 978-1-56145-883-7

Also available in English
HC: 978-1-56145-881-3
PB: 978-1-56145-882-0

PB: 978-1-56145-800-4

Also available in English
HC: 978-1-56145-757-1
PB: 978-1-56145-758-8

PB: 978-1-56145-909-4

Also available in English
HC: 978-1-56145-907-0
PB: 978-1-56145-908-7

EDICIONES EN ESPAÑOL

PB: 978-1-68263-071-6

PB: 978-1-68263-072-3

PB: 978-1-68263-154-6

PB: 978-1-68263-155-3

LOS SILL

Cathryn Sill, graduada de Western Carolina University, fue maestra de escuela primaria durante treinta años.

John Sill es un pintor de vida silvestre que ha publicado ampliamente y merecido diversos galardones. Nacido en Carolina del Norte, es diplomado en biología de vida silvestre por North Carolina State University.

Los Sill, que han colaborado en vientiún libros para niños sobre la naturaleza, viven en Carolina del Norte.

Fred Eldredge, Creative Image Photography